AF359647

CATALOGUE

DES TABLEAUX

QUI COMPOSENT LE CABINET

DE MONSEIGNEUR

LE DUC DE CHOISEUL,

Dont la Vente se fera le Lundi 6 Avril 1772, de relevée, & jours suivans, en son Hôtel, rue de Richelieu.

Par J. F. BOILEAU. Peintre de S. A. S. Monseigneur le Duc d'Orléans.

A PARIS;

DE L'IMPRIMERIE DE PRAULT.

Et se distribue chez BOILEAU, Quay de de la Mégisserie.

M. DCC. LXXII.

AVIS AUX AMATEURS.

Le Cabinet annoncé dans ce Catalogue eſt d'autant plus précieux que la collection en eſt tirée de pluſieurs Cabinets connus, vendus tant à Paris qu'en pays étrangers ; on a cherché à le compoſer particulierement des meilleurs ouvrages des Ecoles Flamande & Hollandoiſe.

Tous ces Tableaux ſont en très-bon état & bien bordés.

On pourra les voir à l'Hôtel de Choiſeul, rue de Richelieu, les 2, 3 & 4 dudit mois d'Avril 1772.

Outre les anciennes Eſtampes qui ont été gravées d'après les Tableaux de ce Cabinet ; on en trouve un petit volume *in-quarto*, compoſé de 130 planches gravées par les ſoins de François Baſan, rue & Hôtel Serpente à Paris.

B. *ſignifie Bois.* C. *Cuivre.* T. *Toile.*

	7	8	4	0	#	
10	5	5	0	#	19
20	6	3	1	#	4
36	4	5	3	#	
3	4	1	0	#	
16	2	0	0	#	
16	9	9	0	#	19
6	7	0	0	#	19
15	5	3	0	#	
7	3	7	1	#	
6	9	0	0	#	
26	0	1	8	#	19
2	9	3	0	#	2
36	1	9	1	#	
11	7	1	0	#	5
10	5	3	0	#	
24	7	0	9	#	19
11	2	1	1	#	19
13	6	4	8	#	19
6	2	6	0	#	
6	3	9	0	#	18
14	1	5	4	#	
14	0	3	4	#	19
12	5	1	7	#	19
19	8	0	0	#	
4	7	2	7	#	
8	6	6	0	#	

428124 #

192121 # 60

CATALOGUE

DES TABLEAUX

QUI COMPOSENT LE CABINET

DE MONSEIGNEUR

LE DUC DE CHOISEUL.

ÉCOLES

FLAMANDE ET HOLLANDOISE.

ANTOINE VANDICK.

Nos. UNE Dame en pied, vêtue richement ;
1 son fils est à côté d'elle qui lui tient la
main droite entre les siennes. Ils sont tous
deux ornés de chaîne d'or ; un beau Rideau
soutenu par des colonnes entre lesquelles
s'apperçoit un fond de ciel décore le haut de
ce Tableau que l'on peut regarder comme du
meilleur tems de ce Maître. Il porte 3 pieds
7 pouces de large sur 5 pieds 3 pouces de
haut. T.

A iij

PIERRE PAUL RUBENS.

2   Le Buste d'une Religieuse ayant les mains jointes & la tête couverte d'un voile blanc ; ce Tableau est d'un transparent & d'un fini admirable. Il porte 21 pouces de large sur 26 de haut. B.

3   Un Paysage riche de composition, offrant à l'œil une campagne immense ; le devant est orné de plusieurs figures, & le ciel représente un orage. Il porte 25 pouces de large sur 26 & demi de haut. B.

J. JORDAENS.

4   Ce Tableau représente deux Figures à mi-corps, de grandeur naturelle, vûes par une fenêtre ; la femme sur le devant tient une soucoupe de la main droite, de l'autre donne à manger à un Perroquet que lui présente l'homme qui se voit derriere elle. Ce Tableau est du plus agréable & du meilleur temps de ce Maître. Il porte 2 pieds 6 pouces de large sur 2 pieds pouces de haut. T.

VAN ALEN.

5   Ce Tableau représente une Danse d'enfans ; plusieurs autres sont occupés à jouer des instrumens : le tout détaché sur un fond de paysage agréable. Il porte 4 pieds de large sur 29 pouces de haut. T.

REMBRANDT.

6   Ce Tableau représente un homme & une femme à table ; celle-ci tient son enfant sur

fes genoux ; ils font tous trois occupés à dire le *Benedicite*. La lumiere répandue fur la table & fur les figures produit un effet admirable, & il eſt un des meilleurs de ce Maître. Il porte 2 pieds de large fur 21 pouces de haut. T.

7 & 8 Deux petits Tableaux connus fous le nom des deux Philofophes. L'effet admirable des fenêtres qui éclairent leur laboratoire les a toujours rendus recommandables, & leur fini eſt précieux. Ils portent 12 pouces & demi de large fur 10 & demi de haut. T. Surugue les gravés.

9 Un petit Tableau connu fous le nom du Samaritain ; le fini en eſt précieux, & l'effet admirable. Il porte 7 pouces & demi de large fur 9 de haut. B. Il a été gravé par Rembrandt.

10 Ce Tableau, de forme ovale, repréfente le portrait de Rembrandt étant jeune ; il eſt coëffé d'une toque & orné d'une chaîne d'or ; on peut le regarder comme de fon meilleur temps. Il porte 20 pouces de large fur 2 pieds 2 pouces de haut. B.

11 Ce Tableau repréfente un riche payfage orné de fabriques entourées de belles eaux & éclairées d'un coup de foleil ; on voit fur le devant un Caroffe & plufieurs autres figures ; L'effet de ce Tableau eſt des plus piquans. Il porte 26 pouces de large fur 16 pouces & demi de haut. B.

12 Ce Tableau, de forme ovale, repréfente Moyfe retiré des eaux par la Fille de Pharaon ; la lumiere répandue fur les figures pro-

duit un grand effet , & quoiqu'elles foient nues & très-petites, la pâte de couleur en eft admirable , & la touche des plus fines. Il porte 22 pouces de large fur 18 de haut. T.

GERARD DOV.

13. Deux Tableaux pendans ; l'un repréfente un Medecin dans fon laboratoire, vû jufqu'aux genoux au travers d'une croifée ; il confulte une bouteille d'urine qu'une vieille femme attend ; fon caractere de tête exprime le chagrin & l'inquiétude : le tout eft éclairé d'une belle fenêtre qui répand fa lumiere fur l'appui de la croifée , fur lequel on voit un globe , un grand livre ouvert , un mortier de bronze , un baffin de cuivre, &c. dans le haut pend un beau Tapis de Turquie retrouffé en forme de rideau pour fervir d'oppofition : le détail de ce Tableau eft etonnant & de la plus belle exécution.

14. Son pendant, vû de même, repréfente la Boutique d'une Marchande de gibier. C'eft une vieille femme qui tient de la main gauche un Liévre qu'une jeune & jolie fille paroît lui marchander. Celle-ci a la main droite appuyée fur un fceau de fer-blanc ; derriere elle fe voyent un homme & une femme qui entrent dans la chambre : l'appui de la fenêtre qui fait le devant du Tableau eft orné d'un Paon, de plufieurs Canards, d'un morceau d'étoffe de laine d'un travail étonnant ; & au-deffous fe voit un bas relief taillé dans la pierre fur lequel fe détache une cage à Poulets d'où fort la tête d'un Coq qui mange dans une terrine

caſſée. Le tout eſt de la meilleure couleur, d'un fini plein d'ame & de la plus belle
harmonie. Chacun de ces deux beaux Tableaux eſt un chef-d'œuvre & du plus capital
de ce Maître. Ils portent 17 pouces & demi
de large ſur 22 pouces de haut. B.

GUILLAUME-FRANÇOIS MIERIS.

15　Ce Tableau repréſente l'entrée d'un Veſtibule à la porte duquel ſe preſente un Aveugle
conduit par ſon Chien pour demander l'aumône ; à côté de lui ſe voit un petit Garçon
éclairé d'un coup de ſoleil. Ces deux figures
ſe détachent ſur un fond de ciel. Ce Tableau
eſt très-fini, d'une belle couleur & d'un effet
très-piquant. Il porte 14 pouces de large ſur
18 & demi de haut. B.

GUILLAUME MIERIS.

16　Ce Tableau repréſente un Matelot chargé
d'une hotte remplie de Poiſſons ; deux petits
Garçons devant lui paroiſſent lui acheter des
Crevettes. Ces trois figures d'une bonne couleur & d'un grand fini ſe détachent ſur un fond
de ciel & de lointain. Il porte 8 pouces &
demi de large ſur 10 de haut. B.

NETSCHER.

17 Deux Tableaux faiſant pendans ; l'un repréſente un jeune Garçon appuyé ſur une fenêtre ; il tient de ſa main droite une cage où
ſe voit un oiſeau, & de l'autre un petit verre
pour lui donner à boire : ſur la même fenêtre
eſt ſon bonnet orné de plumes, &c.

18   L'autre repréſente un jeune Arménien ; pareillement appuyé ſur une fenêtre, richement vêtu & coëffé d'un turban : on peut regarder ces deux Tableaux comme du plus fini & & du meilleur temps de ce Maître. Ils portent 7 pouces de large ſur 8 de haut. B. Mademoiſelle Boizot les a gravés.

GABRIEL METZU.

19   Ce Tableau repréſente une belle Femme, le coude appuyé ſur une table couverte d'un tapis ſur lequel eſt un miroir & une boëte de toilette, de la main gauche elle appelle ſon petit Chien. Elle eſt vêtue d'un corps de robe couleur de roſe & d'une juppe de ſatin blanc brodée d'or ; à ſa gauche ſe voit un Chaſſeur avec ſon Chien qui entre dans l'appartement, dans le fond duquel ſe voit un lit & une Gouvernante. Ce Tableau, éclairé par une fenêtre, eſt du plus beau fini de ce Maître, d'une belle touche & de la plus brillante couleur. Il porte 2 pieds de haut ſur 18 pouces de large. B.

20   Ce Tableau repréſente une Dame aſſiſe devant une table couverte d'un tapis de Turquie ſur lequel eſt une Baſſe de Viole & des papiers de muſique, elle en tient un à ſa main, & paroît accorder ſa voix au Violon de ſon Maître qui eſt debout auprès d'elle de l'autre côté de la table ; ſur le devant, ſe voit un Chien, & dans le fond une cheminée : l'enſemble eſt éclairé d'une fenêtre, ce qui produit un effet admirable ; la touche en eſt fine & d'un fini précieux. Il porte 13 pouces de large ſur 15 pouces & demi de haut. T.

21 Ce Tableau repréſente un Chimiſte aſſis dans ſa Chambre & vû de profil par une fenêtre ; il tient ſur ſes genoux un grand livre ; ſur l'appui de la croiſée eſt un mortier de bronze, un pot de fayance couvert d'un papier, ſon écritoire, &c. Le deſſus eſt orné d'une plante de Lierre. Ce Tableau eſt très-précieux & de la touche la plus ſavante. Il porte 8 pouces & demi de large ſur 9 & demi de haut. B.

22 Deux petits Tableaux faiſant pendants ; l'un repréſente une Dame touchant du Clavecin.

23 Et l'autre, une Femme devant une table couverte d'une nappe, ſur laquelle eſt une aſſiette & un pot de fayance ; elle paroît ſe diſpoſer à déjeuner. Ces deux tableaux ſont clairs & agréables. Ils portent 7 pouces & demi de large ſur 8 & demi de haut. B. On en connoît les Eſtampes par Mademoiſ. Boizot.

24 Ce Tableau repréſente l'intérieur d'un Appartement où l'on voit une Femme debout, vêtue d'un corſet rouge & d'une juppe de ſatin blanc brodée d'or ; devant elle ſa Femme-de-Chambre lui verſe de l'eau ſur les mains : un petit Chien ſur le devant paroît abboyer après un homme qui entre dans la Chambre. Le tout produit un bel effet, eſt de la plus belle touche & du meilleur temps de ce Maître. Il porte 25 pouces de large ſur 2 pieds 8 pouces de haut. T.

GERARD TERBURG.

25 Ce Tableau, pendant du précédent, re⸗

préfente deux Femmes , l'une de bout & vûe de face , a une main appuyée fur l'épaule de la deuxiéme , qui eft vêtue d'un manteau-de-lit de fatin jaune & d'un jupon blanc brodé d'or ; elle eft affife auprès d'une table avec un cavalier qui à la pointe d'un couteau lui préfente une écorce de citron. Sur le devant du Tableau fe voit un tabouret fur lequel eft un Chien ; une belle croifée au travers de laquelle on voit le ciel & les arbres , éclaire tout ce tableau , qui eft un chef-d'œuvre de ce Maître & de fa plus belle couleur. Il porte 25 pouces de large fur 2 pieds 8 pouces de haut. T.

26 Un Tableau compofé de trois figures ; il repréfente une jolie Femme vêtue d'un manteau-de-lit de fatin jaune bordé d'hermine , & d'une juppe de fatin blanc brodée d'or. Elle eft affife devant une table couverte d'un tapis de Turquie. Elle pince une Guittare. De l'autre côté un Maître de Mufique tient un livre d'une main & bat la mefure de l'autre ; entre eux eft un Homme de bout qui les écoute , & près de la Dame fe voit un Chien. Ce Tableau eft admirable par fon beau fini , fa belle touche & fa belle couleur. Il porte 21 pouces de large fur 24 de haut. T.

27 Deux Tableaux pendants. L'un repréfente une Dame vêtue d'un corps de robe de fatin blanc brodée d'or , tenant de la main droite un pot , & de l'autre un verre de criftal dans lequel elle boit. Elle eft affife fur une chaife rouge devant une table fur laquelle eft appuyé un Homme endormi , richement vêtu.

28   L'autre repréfente auffi une Dame vêtue de même tenant de la main droite une lettre déployée & de l'autre un verre dans lequel elle boit; la table devant laquelle celle - ci eft affife, eft couverte d'un tapis de Turquie, on voit deffus un pot & un chandelier. Ces deux Tableaux font fins & agréables. Ils portent 12 pouces de large fur 14 de haut. T. Chevillet les a gravés.

29   Ce Tableau repréfente, une jeune Fille coëffée en cheveux, la gorge découverte, vêtue d'un corfet gris de perle brodé d'or, affife devant une table fur laquelle elle écrit une lettre; on voit fur la table un tapis de Turquie retrouffé & une écritoire. Ce Tableau eft très agréable. Il porte 12 pouces & demi de large fur 15 de haut B.

30   Ce Tableau repréfente l'intérieur d'une cour de Payfan, à la porte de la maifon eft une Femme affife qui nétoye la tête de fon enfant; dans le fond eft l'attelier d'un Rémouleur couché au-deffous de fa meule; il repaffe un outil qu'un Ouvrier debout devant lui paroît attendre. Le terrein eft orné de différens uftenfiles qui produifent un bon effet. Le genre extraordinaire de ce Tableau (pour ce Maître) le rend recommandable. Il porte 22 pouces de large fur 27 de haut. T.

DAVID TENIERS.

31   Ce Tableau eft connu fous le titre des œuvres de miféricorde. Il eft d'une riche compofition, du bon temps de ce Maître, & les expreffions en font admirables. Il porte 32 pouces de large fur 25 de haut. C.

32 Deux Tableaux faiſant pendants & repréſentant des fêtes Flamandes. Dans un ſe voit
une danſe au milieu du Tableau ſous un arbre, & des gens à table ſur le devant. Le
reſte eſt orné de quantité de figures, & le
fond terminé par un beau lointain & un ciel
agréable.

33 L'autre repréſente auſſi une danſe au milieu du Tableau ; & ſur le côté la famille de
Teniers orne la fête compoſée d'ailleurs d'un
grand nombre de figures tant à table qu'à ſe
divertir. L'Egliſe du lieu eſt un des prin-
cipaux objets du lointain, qui eſt terminé par
un ciel frais ; le mérite de ces deux beaux tableaux eſt aſſez connu des Amateurs pour ſe
diſpenſer de faire l'éloge de leur touche & de
leur belle couleur. Ils portent 4 pieds de large
ſur 3 pieds de haut. T. Ils ont été gravés par
le Bas.

34 Ce petit Tableau repréſente une fête Flamande ; ſur la gauche on apperçoit deux Ca-
barets ; à une fenêtre de l'un eſt le Dra-
peau qui indique la fête ; on voit au milieu
un grand arbre ſous lequel un Joueur de mu-
ſette eſt monté ſur un tonneau : au-deſſous
de lui une jeune fille & un jeune garçon qui ſe
tiennent par la main danſent enſemble ; derriere eux nombre de figures ſont ou à boire
ou à cauſer. Le fond clair & agréable indique
la ville d'Anvers. Ce tableau, chaud de couleur & ſpirituellement touché, offre l'enſemble
le plus flatteur. Il porte 13 pouces & demi de
large ſur 10 de haut. B.

35 & 36 Deux petits tableaux pendants ; l'un re-

préfente un Homme accoudé fur fon pupitre ; écrivant avec attention ; la table eft couverte d'un tapis verd fur lequel eft une écritoire. L'autre, une vieille Femme devant une table occupée à compter de l'argent. Ils portent 5 pouces de large fur 6 de haut. B.

37 Deux Tableaux pendants ; l'un repréfente la vûe d'un Village Flamand, fur le devant fe voit un jeu de boules orné de 9 figures. Plus loin un grand chemin qui conduit au Village ; on voit proche les maifons plufieurs Payfans répandus dans la campagne.

38 L'autre repréfente fur le devant un canal au bord duquel font plufieurs figures mettant du poiffon dans un bacquet, tandis que d'autres tirent un filet ; de l'autre côté du canal s'apperçoit une Ferme avec plufieurs beftiaux fur une éminence. Le lointain repréfente la ville d'Anvers. La qualité de ces deux tableaux eft d'être clairs, argentins & faits avec la derniere legereté & la touche la plus fpirituelle. Ils portent 23 pouces de large fur 14 de haut. B. Le Bas les a gravés.

39 Ce petit Tableau repréfente quelques maifons de Payfans, auprès defquelles on compte neuf figures, dont la principale pouffe une brouette. Ce tableau eft très-fin de touche & & de couleur. Il porte 10 pouces de large fur 6 & demi de haut. B.

40 Ce petit tableau repréfente un payfage trèsclair & agréable, fur le devant duquel fe voyent trois figures dont une tient un Faucon, & quelques autres fur le deuxiéme plan. Il porte 8 pouces de large fur 6 de haut. B.

ADRIEN VAN OSTADE.

41 Ce beau tableau, orné de quantité de figu‑
res, repréfente un Jeu de Galet dans l'inté‑
rieur d'une cour ; la principale figure eft af‑
fife fur un banc au milieu du tableau occupée
à fumer fa pipe. La belle couleur de ce ta‑
bleau & fon enfemble agréable produifent un
bel effet. Il porte 17 pouces de large fur
13 de haut. B.

42 Ce beau tableau repréfente l'intérieur
d'une Maifon de Payfans ; quatre figures
principales ornent le devant de la chambre ;
l'une d'elle a le dos tourné à la cheminée,
tient un pot de grais & paroît faluer la com‑
pagnie avant de boire ; près d'elle eft un
Enfant devant un billot fur lequel il mange fa
foupe, il parle à un Chien qui le regarde ;
dans le fond qui indique une feconde cham‑
bre fe voyent près d'une fenêtre plufieurs
autres figures affifes & debout occupées à
fumer leurs pipes ; le refte de la chambre &
la terraffe font infiniment ornés. C'eft le ta‑
bleau d'Oftade le plus fin , & le plus agréa‑
ble qui puiffe fe voir. Il porte 17 pouces &
demi de large fur 12 & demi de haut. C.

43 Ce tableau repréfente l'intérieur d'une
Chambre de Payfans; on y voit une table
couverte d'une nappe fur laquelle font des
affietes, du pain & des verres ; auprès de la
table font affis devant la cheminée un Hom‑
me & une Femme ; plus loin derriere eux on
voit des enfans qui jouent au-bas d'une fe‑
nêtre qui éclaire tout ce tableau ; un troifiéme
eft

eſt aſſis dans une petite chaiſe ; ſur le devant
on apperçoit un grand devidoir oppoſé à la
lumiere ; les acceſſoires de toute la chambre
ornent beaucoup ce tableau , dont la compo-
ſition & l'exécution ſont très-agréables. Il
porte 12 pouces de large ſur 13 de haut. B.

44   Ce petit tableau repréſente deux hommes
aſſis auprès d'une table , dont l'un fume ſa
pipe & l'autre la remplit ; il eſt d'une belle
touche & du bon temps de ce Maître. Il porte
6 pouces de large ſur 7 de haut, B.

ISAAC OSTADE.

45   Ce tableau repréſente une agréable vûe de
Village , le principal objet du devant eſt une
Maiſon ruſtique à côté de laquelle paſſe un
coup de ſoleil qui éclaire un homme monté
ſur un Cheval blanc ; derriere lui un petit
Garçon conduit deux Chiens : ſur le deuxiéme
plan , traité en demi teinte , ſe voyent pluſieurs figures & animaux qui compoſent ce
tableau de la maniere la plus agréable ; la touche en eſt fine & ſpirituelle , & la couleur admirable. Il porte 18 pouces de large ſur 21
de haut. B.

CORNEILLE POËLEMBOURG.

46   Ce tableau repréſente une riche Campagne ornée de ruines & fabriques ; de belles
figures ſur le devant repréſentent un repos
en Egypte ; beaucoup d'autres figures & animaux , un lointain admirable & un ciel frais
enrichiſſent ce précieux tableau que l'on regarde comme un des plus capitaux de ce

B

Maître. Il porte 18 pouces de large fur 15 de haut. B.

BARTHOLOMÉE BRÈEMBERG.

1300

47 Ce tableau repréfente une vafte Campagne dans laquelle on remarque de belles ruines, fur le devant des figures & animaux ; des eaux dans le lointain & un ciel pur terminent ce tableau qui eft, par fa belle touche & fa riche compofition, du plus rare de ce Maître. Il porte 20 pouces de large fur 14 & demi de haut. C.

420 #.

48 Ce petit tableau repréfente des ruines dans une Campagne ; des eaux fur le devant dans lefquelles fe baignent plufieurs figures ; il eft peu terminé mais d'une touche libre. Il porte 10 pouces de large fur 7 de haut. B.

2000 # 10.

49 Ce tableau repréfente une grande voute d'un Palais antique, au travers de laquelle on voit un beau ciel qui éclaire les reftes de ce Palais, dans le lointain s'apperçoit une Riviere fur laquelle font diverfes barques. Plufieurs figures, & entre autres deux eftropiés fur le devant ornent ce tableau que l'on peut regarder comme un des beaux de ce Maître. Il porte 20 pouces de large fur 14 & demi de haut. B.

PHILIPPE WOUVERMANS

20700 #

50 Ce riche tableau, d'une grande compofition d'un fite agréable & d'une belle couleur, repréfente une Chaffe au Cerf ; on le voit qui, au fortir d'un bois, fe précipite dans l'eau avec une Biche ; nombre de Chiens

& de Cavaliers , tant Hommes que Femmes ,
l'attaquent en ce lieu , où l'agitation des eaux
produit le plus bel effet poffible au milieu du
tableau ; fur le côté gauche on remarque un
beau Palais d'où plufieurs perfonnes décou-
vrent ce fpectacle ; le fond eft terminé par
des ifles dans l'eau , de beaux lointains & un
ciel admirable. Il eft du meilleur temps de
ce Maître , d'une touche précieufe & de fon
beau fini. Sa grandeur extraordinaire , qui
porte 5 pieds 7 pouces de large fur trois pieds
de haut , le rend très-recommandable. T.
On en connoît l'Eftampe par Moireau.

51   Ce petit tableau repréfente de belles plai-
nes ; terminées par quelques montagnes &
un beau ciel ; fur le devant on voit nombre
de Cavaliers & une jeune Dame à cheval
partant pour chaffer au vol. Le précieux de ce
tableau & fon beau fini le rendent très pi-
quant. Il porte 10 pouces & demi de large
fur 9 pouces de haut C.

52   Ce tableau repréfente la Moiffon des foins ;
plufieurs Ouvriers fur le deuxiéme plan les
mettent en meule fous un hangard auprès
duquel d'autres prennent leur repas ; le milieu eft occupé par un beau Cheval blanc en
liberté ; derriere lui on voit un Ane couché
auprès d'une lame d'eau , un beau ciel termine ce tableau qui eft du beau temps de
ce Maître & de fa plus belle couleur. Il
porte 15 pouces de large fur quatorze de
haut. B.

53   Ce tableau repréfente un Camp : on apperçoit plufieurs tentes, à la porte de la prin-

cìpale fe voit un Maréchal qui ferre un Cheval blanc ; Plufieurs Cavaliers font préfens &
femblent l'attendre ; la principale figure eft
occupée à remettre fes éperons. La touche
de ce tableau eft très-fine , & fa couleur vi-
goureufe. Il porte 15 pouces de large fur 18
de haut. B.

54 Ce tableau repréfente un fond de rocher
fur le devant duquel fe voit un Cheval blanc
qu'un petit Garçon tient par la bride. Il eft
d'une forte couleur & d'une belle touche.
Il porte 11 pouces de large fur 13 & demi de
haut. B.

55 Ce tableau repréfente un beau terrein très-
coloré , fur lequel fe voit un Ane détaché fur
le ciel. On apperçoit au deuxiéme plan un
Cheval blanc couché , & à côté de lui quelques figures. Il porte 12 pouces de large fur
9 de haut. B.

56 Ce tableau repréfente un Payfage clair &
argentin , enrichi de montagnes fablonneufes ,
au bas defquelles paffe une Riviere traverfée
d'un petit pont de planches ; on apperçoit auprès du pont plufieurs Cavaliers qui font boire
leurs Chevaux , & quantité d'autres figures.
Ce tableau eft des plus agréables & du bon
temps de ce Maître. Il porte 20 pouces de
large fur 2 pieds de haut. T.

57 Deux précieux tableaux ; l'un repréfente
un Marché de Chevaux où fe voyent quantité de figures Hommes & Femmes ; le tout
oppofé à des Tentes & à un Cabaret. Le
ruftique de la Maifon fait plaifir à l'œil. Une
jeune Femme à la porte verfe à boire à plu-

fieurs Cavaliers & Dames ; le principal objet du tableau eft un beau Cheval que pa-
roiffent marchander des Gens de diftinction ,
pendant qu'un Palfrenier lui regarde au
pied.

58 Le pendant repréfente un Manége orné de
quantité de perfonnes diftinguées , tant Hommes que Femmes , un Cavalier monté fur un
Cheval bay paroît commencer fa courfe ; de
l'autre côté fe voit un jeune Cheval tout équi-
pé, qu'un Palfrenier tient par la bride ; derriere lui une Femme vêtue d'habit de foye
parle à fon enfant qu'elle tient par la main ;
le fond eft terminé par de beaux lointains ,
& le devant par une Maifon qui annonce un
Palais. On peut regarder ces deux beaux
tableaux comme du plus rare & du plus
beau faire de ce Maître. Ils portent 17 pouces de large fur 20 de haut. B.

NICOLAS BERGHEM.

59 Ce tableau repréfente un beau Pont de
pierre , au bas duquel fe voit une chute
d'eau. Un Homme à genoux fur fon Mu-
let, fait fa priere devant la Statue de la
Sainte Vierge qui termine le Pont fur lequel
paffent plufieurs animaux & figures : le devant du tableau offre un beau grouppe d'autres animaux, tels que Vaches, Anes char-
gés , Chevres & Moutons conduits par un
Pâtre ; le fond eft terminé par des montagnes
& un ciel chaud de couleur. La touche de ce
tableau & fon exécution le peuvent faire
admirer comme un des plus beaux tableaux

de ce Maître. Il porte 21 pouces de large sur 14 de haut. B. On en trouve l'Eſtampe gravées par le Bas.

60 Ce tableau repréſente un fond de Marine ; de hauts rochers font oppoſition fur le ciel ; le devant eſt orné de pluſieurs figures & animaux, dont un Homme à cheval vêtu d'un habit rouge, parlant à une Femme. ſur le deuxiéme plan ſe voyent des barques au bord du rivage, & un Vaiſſeau d'où part un coup de canon. Ce tableau eſt légerement peint, d'une couleur agréable & du bon temps de ce Maître. Il porte 19 pouces de large ſur 14 & demi de haut. B.

61 Ce tableau repréſente un Payſage dans lequel ſe voit un Oiſeleur, ſous une Cabanne de paille ; il eſt occupé à tirer ſon filet ; près de la Cabane eſt un Homme fur un Cheval blanc. Pluſieurs autres figures & animaux. Sur le devant ſe trouvent quelques Inſtrumens de Chaſſe. Ce tableau eſt d'une forte couleur & d'une belle touche. Il porte 15 pouces de large ſur 13 & demi de haut. B. On en trouve l'Eſtampe par Wiſſcher.

62 Ce tableau repréſente un Payſage très-étendu ; ſur le devant ſe voit un groupe d'arbres détaché fur le ciel. Sur la gauche de hauts Rochers traités en demi teinte, au bas deſquels paſſent pluſieurs figures & animaux ; & ſur le premier plan un Berger avec pluſieurs Chevres. Ce tableau eſt chaud de couleur & d'une touche ragoutante. Il porte 29 pouces de large ſur 22 & demi de haut. T.

63 & 64 Deux tableaux pendants, repréſentant

des Ports de Mer ; dans les fonds on voit de hautes montagnes détachées fur de beaux ciels ; le devant eft orné de quantité de figures , barques & animaux. La couleur eft des plus agréables , & leur touche fpirituelle ; ils font du meilleur temps de ce Maître. Ils portent 15 pouces de large fur 12 de haut. B.

R U I S D A E L.

65   Ce tableau repréfente l'entrée d'un bois au travers duquel on apperçoit des lointains. Le milieu du bois eft orné de terraffes fablonneufes , & de quelques mares d'eau , au bord defquelles plufieurs figures, tant affifes que debout, caufent enfemble. La vigueur & la belle touche de ce tableau annoncent le grand favoir de ce Maître. Il porte 26 pouces de large fur 20 de haut. T.

66   Ce tableau repréfente pour principal objet un Pont ruftique fort-élevé ; fur lequel on remarque une éclufe relevée. Le chemin qui monte au Pont eft pittorefque par les brouffailles & les fables éclairés qui l'enrichiffent , de l'autre côté fe voyent de beaux arbres & une prairie où l'on apperçoit un Berger qui pêche en gardant fes Moutons. La touche , l'exécution & la couleur de ce tableau font admirables. Il porte 19 pouces de large fur 15 de haut. B.

67   Ce tableau repréfente la vûe de Skeveling , la mer que l'on voit dans une grande étendue eft agréable ; l'on y découvre quelques barques qui fe détachent fur un beau ciel ; fur les fables qui en forment les bords on

remarque plufieurs compagnies de gens de diftinction & de Matelots. Ce tableau eft très-fini & d'une belle exécution. Il porte 25 pouces de large fur 20 de haut. T. Il eft gravé par le Bas.

68 Ce tableau repréfente un rivage bordé de Dunes fort élevées. Une vafte étendue d'eau en fait le principal objet. On y voit nombre de Matelots qui marchent dans l'eau pour aller gagner une barque qui eft à quelque diftance. Le ciel qui fe réflechit dans les eaux repréfente un temps couvert & produit un effet des plus vrais. Il porte 25 pouces de large fur 20 de haut. T.

69 Ce petit tableau de forme ovale, repréfente une Mer très-agitée, avec plufieurs barques deffus ; il eft finement touché & d'une belle pâte de couleur. Il porte 15 pouces de large fur 11 de haut.

PAUL POTTER.

70 Ce petit tableau repréfente une éminence de terre fablonneufe, au bas de laquelle tourne un chemin ; on y voit plufieurs figures & animaux, & fur le devant un vieil arbre qui fait oppofition au ciel. La couleur & la touche fpirituelle de ce tableau le rendent intéreffant. Il porte 9 pouces de large fur 8 de haut. B.

71 Ce précieux tableau repréfente une vûe du Bois de la Haye ; cet endroit paroît être un rendez-vous de Chaffe. On y voit une meute de Chiens, plufieurs Chevaux qu'amenent des Palfreniers ; & dans le fond fous

les arbres fe voit un Caroffe attellé de fix
Chevaux, qui paroît être celui du Prince
d'Orange ; Ce tableau eft d'une fraicheur admirable, du plus fini de ce Maître, & fa
touche fpirituelle fait plaifir à voir. Il porte
28 pouces de large fur 23 & demi de haut. T.

72   Ce tableau repréfente une belle Prairie fur
laquelle fe voyent trois Bœufs dont l'un paroît fe frotter contre un tronc d'arbre. Sur
le deuxiéme plan quelques Moutons ; & le
fond eft terminé par un hameau détaché fur
un beau ciel : la vérité étonnante de ce tableau & fon beau faire le rendent recommandable. Il porte 3 pieds 9 pouces de large
fur 2 pieds 7 pouces de haut. T.

ADRIEN VAN DENVELDE.

73   Ce tableau repréfente un Payfage agréable :
fur le devant plufieurs belles Vaches & Moutons. Sur le deuxiéme plan on voit une Mé-
tairie, de laquelle fort un Payfan ; près de lui
une Femme occupée à traire une Vache : le
fond du tableau eft terminé par une Prairie
ornée de différens animaux, & dans le lointain un Village. Ce tableau eft précieux, d'un
beau fini & d'une grande vérité. Il porte 22
pouces de large fur 18 de haut. T.

VANDER HEIDEN.

74   Ce tableau repréfente une grande Place
publique d'une Ville de Hollande. Cette
Place eft ornée d'une quantité confidérable
de figures par Adrien Van den Velde.
Ce tableau eft précieux & d'une grande

vérité. Il porte 27 pouces de large fur 23
de haut.

75   Deux tableaux pendants, repréfentant dif-
férentes Places de la Ville de Cologne ; dans
le premier s'apperçoit une très-belle Eglife
gothique & une Tour qui n'eft point ache-
vée, fur laquelle eft reftée une grue. Le fond
fe termine par une vûe en perfpective & une
avenue d'arbres ; un ciel admirable éclaire
le tout. Les figures répandues fur cette Place
font peintes par Adrien Van den Velde.

76   Dans le deuxiéme on voit plufieurs an-
ciens bâtimens qui font le principal objet du
tableau. Un grouppe d'arbres au milieu de
la Place fait oppofition fur un beau ciel. Les
figures par le même. Ces deux tableaux font
d'un fini extraordinaire, remplis de beaux
effets & des plus précieux de ce Maître. Ils
portent 15 pouces de large fur 12 de haut B.

77   Ce tableau repréfente une Maifon de Campagne de Hollande, avec fes Jardins ; un
beau chemin qui conduit à la Maifon fait le
milieu du tableau, plufieurs figures peintes
par Adrien Van den Velde s'y promenent,
& d'autres s'occupent à pêcher à la ligne.
Le fini de ce tableau & fa fraicheur font
également intéreffans. Il porte 22 pouces de
large fur 16 de haut. B.

78   Ce tableau repréfente la vûe du Châ-
teau de Beintheim, fur une éminence, au
bas de laquelle on apperçoit la Ville, ter-
minée par une grande prairie ; le devant
orné d'un bel arbre & de brouffailles ; quantité de figures par Adrien Van den Velde.

ornent les chemins & différens lieux de ce tableau qui doit paſſer pour un des capitaux de ce Maître, eu égard à ſon beau ſite, & aux grands ſoins qu'ont apporté ces deux Maîtres pour le perfectionner. Il porte 27 pouces de large ſur 20 de haut. B.

79 Ce tableau repréſente la vûe de l'intérieur d'une petite Ville de Hollande dans laquelle paſſent quantité de figures par Adrien Van den Velde. Ce tableau bien peint eſt d'un effet très-piquant. Il porte 16 pouces de large ſur 16 & demi de haut. B.

ADRIEN VAN DER WERF.

80 Ce tableau repréſente Loth & ſes filles dans une grotte ; la principale figure de Femme y eſt négligeamment couchée ; la lumiere éclaire la plus belle partie de ſon corps qui eſt nud, le haut de la figure eſt traité en demi teinte. Loth vû de profil ſur le devant du tableau lui fait oppoſition, il tient ſur ſes genoux une coupe d'or au-deſſus de laquelle ſa ſeconde fille, qui eſt appuyée ſur un rocher à la gauche de ſa ſœur étend le bras pour preſſer une grappe de raiſin. On voit à côté d'elle un beau vaſe d'or & quelques fruits ſur une pierre, qui enrichiſ-ſent ce tableau, d'une belle couleur, très-fini, & du meilleur temps de ce Maître. Il porte 13 pouces de large ſur 16 de haut. B.

81 Ce tableau repréſente deux jeunes filles jouant aux oſſelets ſur l'appui d'une croiſée. La principale, galamment vêtue, tient la

boule & paroît difputer un coup à l'autre qui a le coude appuyé fur un tapis de Turquie qui pend au dehors de la fenêtre & cache la moitié d'un bas relief qui fert d'ornement à l'architecture ; entr'elles on apperçoit, traité en demie teinte un petit Garçon qui les regarde. Ce précieux tableau eft d'une exécution admirable & d'un beau tranfparent. Il porte 9 pouces de large fur 11 de haut. B.

82 Ce tableau repréfente une Sainte Famille : la Vierge eft affife & a la gorge découverte, fon Enfant, couché devant elle fur une draperie, a les bras en l'air & la tête tournée du côté de Saint Jofeph qui lui préfente une branche de Cerifier dont il arrache le fruit. Le fond eft un rocher & un petit bout de ciel. Son grand fini eft admirable. Il porte 10 pouces & demi de large fur 13 de haut. B.

83 Deux petits tableaux pendant ; l'un repréfente un jeune Garçon richement vêtu, coëffé d'une toque garnie de plume, tenant une cage fur l'appui d'une croifée ; un autre derriere lui tient un Chat auquel il montre l'Oifeau.

84 L'autre un jeune homme vêtu & coëffé de même, une main appuyée fur une Souriciere, de l'autre il tient une Souris qu'il montre à un Chat qui fe préfente par une fenêtre ; ces deux tableaux font très-finis. Ils portent 5 pouces de large fur 7 de haut. B.

GUILLAUME VAN DEN VELDE.

85 Ce tableau repréfente la Mer dans fon

calme; l'on y voit plufieurs Bâtimens à voiles;
il eft fin, tranfparent & du bon temps de ce
Maître. Il porte 12 pouces de large fur 9 de
haut. B.

86 Ce tableau repréfente des eaux calmes, où
l'on voit dans les fonds quelques vaiffeaux &
fur le devant auprès des fables plufieurs barques de Pêcheurs; le ciel & les eaux font
clairs & tranfparens, & fon exécution eft
agréable. Il porte 10 pouces de large fur 8 de
haut. B.

87 Ce tableau repréfente des eaux calmes au
milieu defquelles on apperçoit une grande
barque à voiles & dans les fonds plufieurs Bâ-
timents en rade; fur le devant on remarque
un pilotis au bas duquel eft un bateau où il
y a plufieurs Matelots : il eft tranfparent &
& du meilleur temps de ce Maître. Il porte 18
pouces de large fur 13 & demi de haut. T.

LOUIS BAKUISEN.

88 Ce grand tableau repréfente la vûe d'une
Ville d'Hollande & le bord d'un canal fur
lequel fe voyent plufieurs Bâtimens & un
Hyak des Etats d'Hollande prêt à recevoir
des Magiftrats qui font fur le devant du tableau, qui eft d'une belle exécution & d'un
pinceau très-moëlleux. Il porte 4 pieds de
large fur 2 pieds de haut. T.

89 Ce tableau repréfente une Mer agitée :
on y voit une barque au milieu des flots &
une autre au bord des fables que l'on difpofe
à faire partir; fur le devant plufieurs figures
de deffus une éminence regardent l'effet de la

Mer. Ce tableau des plus précieux de ce Maitre eſt de ſon meilleur temps. Il porte 18 pouces de large ſur 12 de haut. T.

CARLE DU JARDIN.

90   Ce tableau repréſente une Chaumiere ſur un terrein élevé près de laquelle une Payſane eſt aſſiſe gardant des Vaches & Moutons, elle retient ſon Chien qui paroît abboyer après un Cavalier qui fait l'aumône à un petit Garçon. Ce Tableau eſt chaud de couleur & indique par ſon effet un Soleil couchant. Son exécution eſt des plus belles, & du meilleur temps de ce Maître: Il porte 20 pouces de large ſur 23 de haut. T.

91   Ce tableau repréſente un Payſage où l'on voit deux Vaches dont l'une blanche eſt éclairée du ſoleil : un jeune Garçon eſt occupé à couper une baguette à un arbre ; ce tableau eſt vigoureux de couleur & d'un effet très-piquant. Il porte 12 pouces de large ſur 13 de haut. B.

92   Ce tableau eſt compoſé de quatre figures ; un Soldat à table, deux autres cauſant enſemble , & une Femme qui tient un plat qu'elle leur apporte ; dans le fond ſe voit un tombeau ; ce tableau eſt extraordinaire au genre de ce Maître & de la plus belle couleur. Il porte 28 pouces de large ſur 26 de haut. T. On en trouve une ancienne Eſtampe gravée en maniere noire.

93   Ce tableau repréſente un Payſage avec de hautes montagnes. Un bel effet de nuage leur fait oppoſition ; au côté droit ſe voit une

Chaumiere éclairée du Soleil ; fur le devant
une Riviere dans laquelle paffe une Femme
relevant fes jupons qu'un Chien femble vou-
loir tirer ; un homme monté fur un Cheval
blanc l'accompagne en lui parlant ; des Bre-
bis & des Boucs paffent l'eau avec eux. La
touche de ce tableau & fon tranfparent font
un effet charmant. Il porte 18 pouces de
large fur 20 de haut. T.

94　Ce tableau repréfente une Terraffe fablonneufe oppofée à de hautes Montagnes.
On voit fur cette Terraffe un jeune Pâtre
couché fur le dos qui s'amufe avec fon Chien ;
à côté de lui font un Cheval & deux Moutons ; de l'autre côté une Haye de paille
éclairée du foleil , au bas de laquelle on
voit un petit baril & un panier. Ce tableau
eft bien peint & d'une très-bonne couleur.
Il porte 13 pouces de large fur 11 & demi
de haut. B.

BREUGHEL DE VELOURS.

95　Ce Tableau repréfente une vafte Campagne, près d'un bois : un coup de foleil frappe
fur un grand chemin , où l'on voit un Co-
che & plufieurs Voyageurs attaqués par une
troupe de Voleurs à cheval. Ce tableau fa-
cilement fait eft d'un grand effet. Il porte
2 pieds 7 pouces de large fur 19 pouces de
haut. B.

96　Ce tableau repréfente l'entrée d'un bois ;
au milieu duquel fe trouvent des mares
d'eau que traverfent plufieurs figures , animaux & chariots Flamands ; on voit au

travers ce bois un point de vûe fort étendu : ce tableau eſt de la plus chaude couleur de ce Maître & de ſa plus belle exécution. Il porte 17 pouces de large ſur 13 de haut. B.

97 Ce petit tableau repréſente nombre de Chats formant un concert ſur une table devant un livre de muſique. Pluſieurs inſtrumens ſont auprès d'eux : il eſt ſpirituellement touché. Il porte 3 pouces & demi de large ſur 2 & demi de haut. C.

98 Deux petits tableaux pendants : l'un repréſente une vaſte Campagne ; un Moulin à vent ſur une éminence occupe le milieu ; ſur le côté un grand chemin où l'on voit pluſieurs chariots Flamands d'où l'on décharge du bled.

99 Le deuxiéme répréſente un Village, au milieu duquel paſſe un canal où ſe voyent quelques bateaux & figures. Ces deux petits tableaux ſont fins & agréables. Ils portent 3 pouces & demi de large ſur 2 & demi de haut. C.

100 Un petit tableau de forme ronde, repréſentant un riche Payſage, au milieu duquel ſe voit un ancien temple ruiné ; quantité de petites figures à l'entour ; le fond de ce tableau eſt une marine : il eſt du plus précieux de ce Maître, très agréable & d'une belle touche.

STALBEIN.

101 Ce Tableau, pendant du précédent, repréſente un Hermitage pratiqué dans un roc, au bas duquel paſſe une rivière où l'on voit

un

petit bateau & plufieurs figures. Ce tableau eft d'un grand fini. Ils portent 5 pouces de diametre.

JEAN MIEL.

102 Ce tableau repréfente Saint François à la porte de fon Couvent, diftribuant à manger aux Pauvres, tant hommes que femmes, de différens caracteres & habillemens. La belle touche, la belle couleur tranfparente de ce tableau, le diftinguent de beaucoup d'autres. Il porte 18 pouces de large fur 24 de haut. T.

103 Ce tableau repréfente un divertiffement de Payfans Italiens: la principale figure, qui tient une bouteille à la main, danfe au milieu de la Place; une autre invite une Femme à danfer. Ce tableau, vigoureux de couleur, eft rempli de différens caractéres & de la plus belle touche de ce Maître. Il porte 25 pouces de large fur 18 & demi de haut. T.

GODEFROY SCALKEN.

104 Ce tableau, traité au jour, repréfente un concert: une jolie Femme, affife devant une table couverte d'un tapis, tient de la main gauche un livre de mufique & bat la mefure de la droite; de l'autre côté de la table auprès d'elle on voit un jeune Homme qui pince une Guittare. Ce tableau eft d'un fini agréable & d'une jolie couleur. Il porte 7 pouces de large fur 9 de haut. B.

C

Maniere de SCALKEN.

105 Deux tableaux pendants ; l'un repréfente
un petit Garçon , l'autre une petite Fille ;
tous deux vûs & éclairés de la lumiere du
feu. Le petit Garçon fouffle dans un ré-
chaut ; la petite Fille tient une chandelle :
ils font bien peints & d'un bon effet. Ils
portent 14 pouces de large fur 18 de haut. T.

PIERRE NÉEFS.

106 Ce tableau repréfente l'intérieur d'une
belle Eglife de Flandres ; on y voit quantité de petites figures par François Franck ;
il eft clair , tranfparent & du meilleur temps
de ce Maître. Il porte 23 pouces de large
fur 15 de haut. B.

STEENWICK.

107 Ce grand tableau repréfente l'intérieur
d'une Cathédrale des Pays-bas , ornée de
belles figures peintes par Porbus. Le travail
immenfe de ce tableau, fon beau fini & fa
belle couleur, le mettent au-deffus de tout
éloge. Il porte 5 pieds & demi de large
fur 3 & demi de haut. T.

JEAN STÉEN.

108 Ce tableau repréfente un vieillard exté-
nué, auquel deux Femmes s'empreffent d'ap-
porter différens alimens utiles à fa fanté,
pendant qu'une Servante baffine fon lit. On
voit dans le fond de la chambre, qui eft
magnifiquement ornée, plufieurs autres fi-

gures. Ce tableau eſt d'une belle couleur &
d'une exécution remplie d'eſprit. Il porte 14
pouces de large ſur 18 de haut. B.

109 Ce tableau repréſente l'intérieur d'une
Chambre éclairée d'une grande croiſée au
travers de laquelle ſe voit de la vigne ; au
bas de cette fenêtre ſont deux Hommes aſſis
à une table ; un troiſiéme eſt de bout qui
veut embraſſer une jeune Fille qui leur apporte à boire. Ce tableau eſt des plus agréables de ce Maître, & d'un grand effet. Il
porte 12 pouces de large ſur 13 de haut. *B.*

DECKAERT.

110 Ce tableau repréſente l'intérieur de l'attelier d'un Tiſſeran ; lui & ſon métier ſont
éclairés d'un coup de ſoleil qui frappe ſur la
fenêtre ; la Chambre eſt ornée de différens
uſtenſiles : ſur le côté gauche devant une
cheminée, on voit une Femme occupée à
habiller ſon enfant. Ce tableau eſt d'une jolie touche & d'une belle couleur. Il porte
18 pouces & demi de large ſur 14 de haut. B.

XAVERY.

111 Ce tableau repréſente un Vaſe rempli de
fleurs poſé ſur une table de marbre : ce Maître moderne par la beauté de ſa couleur, ſon
beau fini & la délicateſſe de ſon pinceau,
mérite d'être introduit dans les plus beaux
Cabinets. Il porte 16 pouces de large ſur 20
de haut. T.

LE VIEUX BREUGHEL.

112 Ce tableau repréfente un vafte Payfage du Tirol rempli d'eau & de rochers. Sur le côté droit quantité de figures occupées à danfer autour d'un May, & d'autres à boire indiquent une Fête de Village ; & fur le devant l'on apperçoit le Seigneur du lieu qui s'achemine vers la Fête avec toute fa fuite au fon de la Muzette. Ce tableau, pour fon antiquité, eft d'une grande vérité & d'un précieux fini. Il porte 25 pouces de large fur 18 de haut. B.

VAN LINT.

113 Deux tableaux pendants, dans la maniere de Wouwermans ; tous deux repréfentent des Soldats à cheval devant des tentes ; ils font terminés par des lointains agréables où fe voyent de petites figures & des bagages d'armée. Ils portent 15 pouces & demi de large fur 10 de haut. B.

ÉCOLE ALLEMANDE.

DIETRYCY.

114 Ce tableau repréfente une fuite en Egypte ; la Sainte Vierge montée fur un Ane, tient l'Enfant Jefus dans fes bras ; S. Jofeph la conduit. Un Ange porte un flambeau dont la lumiere éclaire tout le fujet ; ce qui produit un effet charmant. Sa couleur eft des plus vigoureufes, & fa touche très-favante.

Il porte 12 pouces de large fur 15 de haut. B.
Le peintre l'a gravé lui-même.

ÉCOLE ESPAGNOLE.

DON DIEGO VELASQUEZ.

115 Deux tableaux : l'un repréfente Danaë
affife fur un lit, recevant la pluie d'or.

116 L'autre, Mars & Venus fur un lit. Plufieurs Amours fur le devant du tableau s'a-
mufent avec le cafque & le bouclier de Mars :
les ouvrages de ce Maître font fort rares ; leur
précieux fini & leur bonne couleur les rendent recommandables. Ils portent 20 pouces
de large fur 15 de haut. C.

MURILLO.

117 Deux tableaux pendants ; l'un repréfente
une jeune Fille tenant de la main droite un
panier plein de fruits, & de la gauche un bout
de fon voile fur lequel elle s'appuie la tête.

118 L'autre un jeune Garçon penché fur fa
droite, parlant à un Chien, & tenant un ca-
bat de jonc : ces deux figures fe détachent fur
un fond de ciel ; elles font favamment tou-
chées, d'une belle pâte de couleur & d'un
bel effet. Ils portent 22 pouces de large fur
27 de haut. T.

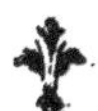

ÉCOLE ITALIENNE.

TITIEN VECELLI.

119 Ce tableau repréfente un enfant debout, vêtu d'une robe blanche : l'on voit autour de fa ceinture une chaine d'or à laquelle eft attaché un grelot : il eft auprès d'une table fur laquelle il tient un petit Chien auquel il préfente un échaudé. Le fond de l'appartement eft ouvert par une croifée au travers de laquelle on voit un ciel & des lointains. Ce tableau eft bien peint. Il porte 2 pieds 11 pouces de large fur 3 pieds 9 pouces de haut. T.

SALVATOR ROSA.

120 Deux tableaux pendants : l'un repréfente un Payfage & Marine. Sur le deuxiéme plan fe voyent dans les eaux de hauts rochers oppofés au ciel & aux lointains : fur le devant on voit une groffe partie des rochers fur laquelle font une douzaine de Soldats & plufieurs autres figures. La vigueur de ce tableau, fa belle touche & le tranfparent de fa couleur le diftinguent comme un des beaux tableaux de ce Maître.

121 Le pendant, d'une autre maniere de faire, repréfente un beau Payfage ; fur le devant de hautes montagnes dans le fond. Sur le deuxiéme plan paroît fortir d'un bois une riviere dans laquelle s'élancent un Cerf &

une Biche pourſuivis par des Chiens & des Chaſſeurs tant à pied qu'à cheval. Ce tableau eſt d'une touche légere , d'une couleur tranſparente & d'un beau faire. Ils portent 3 pieds de large ſur 18 pouces de haut. T.

SALVIOUSSE.

122 Ce tableau repréſente un beau Palais au bord de la mer ; le ſujet des figures, peintes par J. Miel , repréſente l'embarquement d'Hélène : ces deux Maîtres ont réuni tout leur ſavoir pour la perfection de ce tableau. Il porte 3 pieds 9 pouces de large ſur 2 pieds 7 pouces de haut. T.

MICHEL-ANGE DEL CAMPIDOGLIO.

123 Ce tableau repréſente pluſieurs Oiſeaux morts attachés par les pattes aux branches d'un vieil arbre qui ſe détache ſur un fond de ciel. Il eſt artiſtement touché & d'une bonne couleur. Il porte 4 pieds & demi de large ſur 5 & demi de haut. T.

ÉCOLE FRANÇOISE.

CLAUDE GÉLÉE DIT LE LORRAIN.

124 Deux tableaux pendants : l'un repréſente un matin ; c'eſt un Payſage frais & agréable enrichi de beaux lointains. Sur le deuxiéme plan ſe voit un Pont ſur une riviere qui tombe par caſcade ; la terraſſe du devant eſt occupée par deux figures & une belle Va-

C iv

che blanche qui repréfente Io confiée à la garde d'Argus.

125 L'autre repréfente un foleil couchant & un beau lointain très-découvert : fur le côté gauche on voit les ruines d'un ancien Temple environné d'arbres, auprès defquels on remarque Mercure qui endort Argus : Plufieurs autres animaux répandus dans les brouffailles paiffent aux environs. Ces deux tableaux, par leur vérité, leur fraicheur & leur belle couleur, font des plus agréables. Ils portent 27 pouces de large fur 18 de haut. T.

LE NAIN.

126 Ce tableau repréfente une Famille à table ; la mere paroît gronder un de fes enfans ; une Servante apporte un plat, & derriere la compagnie fe voit un Valet qui tient une bouteille. La lumiere qui frappe fur la table éclaire tout le fujet & y fait un très-bel effet. Il porte 3 pieds 5 pouces de large fur 2 pieds 6 pouces de haut. T.

127 Ce tableau repréfente un Maréchal & fa forge, derriere lui fa Femme & un Enfant ; fur le devant un homme affis tenant une bouteille d'une main, & de l'autre un verre ; au côté droit on voit deux Enfans debout, dont un tire le foufflet : au milieu fe voit une enclume : le tout eft éclairé par la lumiere du feu, qui produit un effet étonnant. La belle touche de ce tableau & la naïveté de toutes les figures a toujours plu aux Amateurs. Il porte 22 pouces de large fur 25 de haut. T.

PATER.

128 Deux tableaux pendants : l'un repréſente un Concert de perſonnes galamment vêtues ; la ſcène ſe paſſe ſur un périſtile ; le tout ſe détache ſur un beau payſage & des lointains agréables.

129 L'autre une belle Compagnie vêtue de même : le principal ſujet eſt une Balançoire attachée à des arbres qui compoſent avec de beaux lointains le fond du tableau : les étoffes ſont d'une couleur agréable , les têtes très-gracieuſes & d'une touche ſpirituelle. Ils portent 22 pouces de large ſur 19 de haut. T.

130 Deux tableaux pendants : l'un repréſente un joli payſage dans lequel pluſieurs figures galantes célébrent la Fête du May.

131 L'autre une belle compagnie au bas d'un veſtibule, dont la principale figure eſt une jolie Femme couverte d'un paraſſol, ſe faiſant dire la bonne aventure: les fonds ſont terminés par une agréable Campagne. Ces deux tableaux ſont d'une brillante couleur & des plus agréables de ce Maître. Ils portent 16 pouces de large ſur 13 de haut. T.

JOSEPH VERNET, *Peintre du Roy.*

132 Ce tableau repréſente une grande voute de rocher au travers de laquelle ſe voit une Marine & de beaux lointains, terminés par un ciel d'Eté, on remarque ſur le deuxiéme plan pluſieurs belles Femmes qui ſe baignent dans de belles eaux tranſparentes, ce qui l'a

fait nommer les Baigneufes. La vigueur de
ce tableau, fa belle couleur & fa touche
fpirituelle l'ont toujours fait regarder comme
un des beaux ouvrages de ce Maître. On en
connoît l'Eftampe de Balechou. Il porte 2
pieds & demi de large fur 2 pieds de haut. T.

J. B. GREUZE, *Peintre du Roy.*

133 Ce tableau repréfente une jeune Fille à
genoux fur le bas d'un piedeftal où eft pofé
un Amour tenant une couronne. Elle paroît
l'adreffer des vœux. Ce qui lui a donné
le nom de la Priere à l'Amour ; le fond repréfente un bois obfcur, qui produit un très-
be effet par fon harmonie & fa bonne couleur. On voit fur le devant deux Tourterelles,
un vaze d'or, & autres attributs qui l'enrichiffent. Ce tableau eft d'un beau pinceau
& d'une grande vérité. Il porte 3 pieds 6
pouces de large fur 4 pieds 6 pouces de
haut. T.

134 Ce tableau repréfente une jeune Fille
affife fur une chaife occupée à devider du
coton ; l'on voit fur fes genoux une cor-
beille où font fes pelottes, & une petite table
à côté d'elle fur laquelle eft un Chat qui
joue avec les brins du coton. Ce tableau
eft d'une fraicheur admirable, d'une belle
touche & d'un fini fpirituel. Il porte 22
pouces de large fur 27 de haut. T. Flipart
l'a gravé.

135 Ce tableau repréfente une belle Femme
à fa croifée, elle a le bras gauche appuyé
fur un Vafe de fleurs, & tient une lettre

dans cette main , l'air gracieux de fa tête &
l'attitude de fa main droite près de fa bou-
che indique qu'elle envoye un baifer à l'Au-
teur de la lettre : la lumiere éclaire artifte-
ment fa gorge , & un grand rideau qui prend
au dehors de la fenêtre , forme une belle
oppofition & produit un bel effet. Ce tableau
eft très-fini & d'un beau tranfparent. Il porte
2 pieds 6 pouces de large fur 3 pieds de
haut. T.

136 Ce tableau repréfente une petite Fille en
camifole de nuit, affife fur fa chaife , tenant
un Chien entre fes bras. L'enfemble de ce
tableau eft admirable par la vigueur de fa
couleur & fa belle exécution. Il porte 19
pouces & demi de large fur 23 de haut. T.
Il a été gravé par Porporati.

JOSEPH-MARIE VIEN, *Peintre du Roy.*

137 Ce tableau repréfente une belle Femme
nue fortant du bain ; elle eft appuyée fur une
baluftrade au bord d'un baffin , & fa Suivante
un genou en terre auprès d'elle eft occupée
à lui effuyer les jambes. Le fond de ce tableau
indique un beau Palais ; il eft très-agréable ,
d'une belle exécution & d'une grande élé-
gance de deffein. Il porte 25 pouces de large
fur 2 pieds 9 pouces de haut. T.

RAOUX.

138 Ce petit tableau repréfente une jeune Fille
fortant du bain ; elle eft affife & occupée à
effuyer fes jambes fur le bord d'un baffin : le
fond de payfage qui l'environne eft favam-

ment traité : une belle lumiere éclaire la moitié de la figure qui eſt d'un beau fini & d'un
deſſein très-agréable. Il porte 6 pouces de
large ſur 8 de haut. **B.**

139 Ce tableau repréſente l'intérieur d'un
Temple dédié à Priape ; ſa Statue y eſt repré-
ſentée ſous un dais ; une vieille Prêtreſſe
amene devant elle une jeune mariée preſque
nue qu'elle paroît inſtruire pour entrer au
lit nuptial, dans le fond ſur un lit de repos
on apperçoit le marié à demi couché à qui
l'on préſente un vaſe ſur une ſoucoupe. Ce
tableau eſt d'une couleur agréable & d'un
fini précieux. Il porte 27 pouces de large ſur
2 pieds 9 pouces de haut. **T.** Il a été gravé
par Beauvarlet.

M. ROBERT, *Peintre du Roy.*

140 Deux tableaux pendants : l'un repréſente
un beau Temple en forme de rotonde ; on
voit de chaque côté un eſcalier pour y mon-
ter ; le fond repréſente des Jardins, & le devant un Canal orné de bateaux & quantité
de figures.

141 L'autre une grande Arcade au travers de
laquelle ſe voit un Pont chargé d'un Palais
d'architecture qui paroît répondre à une
grande galerie que l'on voit ſur la gauche ;
l'effet d'un ſoleil couchant qui vient de l'ho-
riſon, éclaire le tout d'une maniere très-
agréable : quantité de figures répandues dans
ce beau morceau l'ornent infiniment. Ces
deux tableaux ſont de la meilleure couleur,
d'une touche facile & d'une grande harmo-

nie. Ils portent 4 pieds 6 pouces de large
fur 3 pieds 2 pouces de haut. T.

142 Ce tableau repréfente la Cafcade de Tivo-
li, qui tombe du haut d'un grand rocher : fur
le devant fe voyent de grands terreins qui forment oppofition à quelques figures, touchés
auffi fpirituellement que le refte, qui eft d'une
couleur chaude & d'une belle exécution. Il
porte 5 pieds de large fur 4 de haut. T.

M. MACHY.

143 Ce tableau repréfente un Palais d'architecture ; l'effet d'un coup de foleil qui paffe
entre ces colonnes, produit un effet de lumiere admirable : quantité de figures bien
diftribuées ornent ce beau Palais. Il porte
28 pouces de large fur 18 de haut. T.

PAROCEL d'Avignon.

144 Ce tableau, efquiffe en grifaille, repréfente plufieurs Officiers à cheval qui emmé-
nent des prifonniers. Il porte 12 pouces de
large fur 9 de haut. T.

M. PORTAIL.

145 Ce tableau, monté fous verre, & deffiné
aux trois crayons, repréfente un Vafe rempli
de fleurs, & quelques fruits à côté : le deffein en eft d'un grand fini. Il porte 13 pouces de large fur 10 de haut.

146 Ce tableau, mónté fous verre, eft deffiné aux trois crayons : il repréfente une jolie Femme couchée & endormie fur un fo-
pha, tenant en fa main une brochure: l'on

[46]

voit au bout du ſopha un Negre qui tient un rideau. Ce deſſein eſt colorié avec une grande patience, & d'un travail infini. Il porte 21 pouces de large ſur 22 de haut.

Copie d'après VAN FALENS.

147 Ce tableau, peint en Email ſur un fond de Porcelaine, repréſente un départ pour la Chaſſe au vol. Il porte 13 pouces & demi de large ſur 11 de haut. T.

100ſſ

FIN.

Lû & approuvé ce 30 Janvier 1772. COCHIN.

8500ſſ Deplus une vierge tenant l'enfant jesus, dite
la vierge de raphael, qui n'est point au
catalogue; après quelle a été adjugée
quelques personnes ont crié aſſez haut;
a qui la Croûte, a qui la croûte elle
est belle, et on la vend un jour dans un cabinet
de loure, et que l'espece de la peinture dure la même
... ra vendue plus de 5000ſſ

... pour le dernier lon lu a presenté un tableau
qui n'était point pour plus au catalogue, ou
demandé parqui, on a repondu; par ceux qui
... la mis a 300ſſ, personne n'a pas ...
est, on a été obligé de ... referer à aſſolal
la ... a ... ... avril 1772
... avril 1772